中华人民共和国行业标准

# 公路工程施工监理规范

Specifications for Highway Construction Supervision

## JTG G10—2016

主编单位：北京市道路工程质量监督站

批准部门：中华人民共和国交通运输部

实施日期：2016 年 10 月 01 日

人民交通出版社股份有限公司

# 律 师 声 明

**图书在版编目（CIP）数据**

公路工程施工监理规范：JTG G10—2016 / 北京市道路工程质量监督站主编. —北京：人民交通出版社股份有限公司，2016.8

ISBN 978-7-114-13275-9

Ⅰ．①公…　Ⅱ．①北…　Ⅲ．①道路工程—工程施工—施工监理—规范—中国　Ⅳ．①U415.1-65

中国版本图书馆 CIP 数据核字（2016）第 190757 号

标准类型：中华人民共和国行业标准
标准名称：公路工程施工监理规范
标准编号：JTG G10—2016
主编单位：北京市道路工程质量监督站
责任编辑：李　农
出版发行：人民交通出版社股份有限公司
地　　址：(100011) 北京市朝阳区安定门外外馆斜街 3 号
网　　址：http://www.ccpress.com.cn
销售电话：(010) 59757973
总 经 销：人民交通出版社股份有限公司发行部
经　　销：各地新华书店
印　　刷：北京市密东印刷有限公司
开　　本：880×1230　1/16
印　　张：3.75
字　　数：81 千
版　　次：2016 年 8 月　第 1 版
印　　次：2024 年 8 月　第 11 次印刷
书　　号：ISBN 978-7-114-13275-9
定　　价：40.00 元

(有印刷、装订质量问题的图书，由本公司负责调换)

# 中华人民共和国交通运输部

# 公　告

第 37 号

## 交通运输部关于发布
## 《公路工程施工监理规范》的公告

现发布《公路工程施工监理规范》（JTG G10—2016），作为公路工程行业标准，自 2016 年 10 月 1 日起施行，原《公路工程施工监理规范》（JTG G10—2006）同时废止。

《公路工程施工监理规范》（JTG G10—2016）的管理权和解释权归交通运输部，日常解释和管理工作由主编单位北京市道路工程质量监督站负责。

请各有关单位注意在实践中总结经验，及时将发现的问题和修改建议函告北京市道路工程质量监督站（地址：北京市丰台区潘家庙 222 号，邮政编码：100076），以便修订时研用。

特此公告。

中华人民共和国交通运输部

2016 年 7 月 22 日

---

交通运输部办公厅　　　　　　　　　　　　　　2016 年 7 月 26 日印发

# 前　言

根据交通运输部厅公路字〔2014〕87号《关于下达2014年度公路工程行业标准制修订项目计划的通知》的要求，由北京市道路工程质量监督站承担对《公路工程施工监理规范》（JTG G10—2006）的修订工作。

本规范是对原《公路工程施工监理规范》（JTG G10—2006）的全面修订。经批准后以《公路工程施工监理规范》（JTG G10—2016）颁布实施。

本规范修订的基本思路是：以服务交通运输科学发展、安全发展为指针，以加强现代工程管理、深化监理制度改革为统领，以法律法规为依据，坚持目标和问题导向，进一步调整完善监理工作机制，规范监理工作及参建各方行为。以工程质量、安全为重点，突出程序控制、工序验收和检验评定，精简旁站、抽检和内业工作量，落实监理对施工质量、安全问题的否决权，提高监理工作有效性。

本规范修订后仍为9章和4个附录。原第5.6节"合同其他事项管理"单列为第7章"合同事项管理"，原第9章"公路机电工程监理"改为第5.7节"机电工程监理"。修订后的章节为：1总则，2术语，3基本规定，4施工准备阶段监理，5施工阶段监理，6验收与缺陷责任期阶段监理，7合同事项管理，8监理工地会议，9监理资料；附录A监理旁站项目，附录B监理记录，附录C分项工程（中间）交工证书，附录D监理指令单。

本次修订的主要内容包括：

1. 调整了总监办、驻地办的主要职责，增补了安全、环保监理方面内容；严格了设置驻地办的条件；调整了监理人员组成和人数配备的基本要求；按照监理单位、监理机构、总监办、驻地办以及监理人员等区分了监理工作主体。

2. 进一步理顺了监理工作流程和时序，减少、合并、调整了事前的审批、审查事项，补充了监理计划、监理细则的具体内容要求。

3. 突出重点、抓住关键、丰富手段，明确了以巡视为主的现场监理工作方式，提出了检测见证和信息化管理等要求，精简了旁站项目，减少了测量、验证、抽检的项目并降低了频率。

4. 监理机构检验评定工程质量的范围由分项工程调整为分部工程，优化了检验评定和监理资料内容的要求，降低了内业工作量。

5. 增补了监理工作基本原则的要求，强化了监理机构处理工程质量安全问题的权责，补充了质量问题处理的具体规定。

6. 明确了机电工程监理的特殊内容，大幅删减了重复的条文，规范了合同事项管理的内容。

本规范由周绪利、翁优灵负责起草第1章、第2章、第3章，张捷、李达负责起草第4章，周绪利、张捷、李明华负责起草第5章，翁优灵、姜竹生负责起草第6章，李明华、刘强负责起草第7章，姜竹生、李达负责起草第8章，周绪利、刘强负责起草第9章，周绪利、李达负责起草附录。

请各有关单位在执行过程中，将发现的问题和意见，函告本规范日常管理组，联系人：李达（地址：北京市丰台区潘家庙222号，邮编：100076；电话：010-87502225，传真：010-87501879；电子邮箱：zxl@bjroad.com），以便下次修订时参考。

主 编 单 位：北京市道路工程质量监督站
参 编 单 位：北京逸群工程咨询有限公司
　　　　　　　中国公路工程咨询集团有限公司
　　　　　　　江苏省交通运输厅工程质量监督局
　　　　　　　河北华达公路工程咨询监理有限公司
主　　　　编：周绪利
主要参编人员：翁优灵　张　捷　李明华　姜竹生　李　达　刘　强
主　　　审：冷曦晨
参与审查人员：李志强　陈　勇　马中南　周元超　邵　宏　梁军林　王康臣
　　　　　　　刘子剑　王亦麟　李　良　石国虎　杭伯安　孙西濛　刘元泉
参 加 人 员：薛忠军　李万举　李　溪　唐学农　李　忠　李定岩　李兴海

# 目　次

# 1　总则

**1.0.1**　为规范公路工程施工监理，提高工程建设管理水平，制定本规范。

**1.0.2**　本规范适用于公路新建和改扩建工程监理。

**1.0.3**　公路工程监理的主要依据应包括：

1　有关法律法规、技术标准。

2　监理合同。

3　施工合同、工程设计文件等。

**1.0.4**　监理合同中应明确各方的职责和权限，应避免责权不清或交叉。自行监理的亦应以文件形式明确监理机构及其职责和权限。

**1.0.5**　公路工程监理工作应遵循公正、科学、诚信、自律的原则。

**1.0.6**　公路工程监理除应符合本规范的规定外，尚应符合国家和行业现行有关标准的规定。

# 2 术语

**2.0.1** 监理 construction supervision

监理机构及人员对公路工程施工质量、安全、环保、费用和进度等实施的监督管理及咨询服务活动。

**2.0.2** 监理机构 project supervision department

在项目现场设立的履行监理职责的组织，包括总监理工程师办公室（简称总监办）及驻地监理工程师办公室（简称驻地办）。

**2.0.3** 监理人员 supervisor

从事项目监理工作的专业技术人员。

**2.0.4** 监理工程师 Engineer

具备公路工程监理工程师资格、从事项目监理工作的人员。

**2.0.5** 总监理工程师 chief Engineer

具备公路工程监理工程师资格，负责全面履行项目监理职责的管理者，简称总监。

**2.0.6** 驻地监理工程师 resident Engineer

具备公路工程监理工程师资格，经总监授权，负责履行驻地办监理职责的管理者。

**2.0.7** 监理计划 project planning for supervision

由总监主持编制、开展监理工作的指导性文件。

**2.0.8** 监理细则 detailed rules for supervision

根据监理计划，针对技术复杂、专业性较强的工程或某一方面监理工作编制的操作性文件。

**2.0.9** 巡视 patrol inspecting

监理工程师对施工现场进行的定期或不定期的巡回检查活动。

**2.0.10** 旁站　key works supervising

监理人员对旁站项目（见附录 A）的施工过程进行的现场监督活动。

**2.0.11** 抽检　casual inspection

监理机构按规定的项目和频率对工程材料或实体质量进行的平行或随机检验活动。

**2.0.12** 检测见证　inspection witness

监理人员对施工单位关键项目检测过程进行的现场监督活动。

**2.0.13** 监理日志　daily record of project supervision

监理机构每日对监理工作及施工情况所做的记录。

# 3 基本规定

**3.0.1** 监理机构应依法按照合同约定的职责和权限，代表建设单位对公路工程施工质量、安全、环保、费用和进度等实施监理。公路工程监理应实行总监负责制。

**3.0.2** 建设单位应严格执行公路工程质量管理、安全生产、环境保护等法律法规，提供合法、规范、有序的监理工作环境。

**3.0.3** 监理机构设置应符合下列规定：

1 公路工程项目监理均应设总监办，100km 以上的高速公路、一级公路工程可设驻地办。当不设驻地办时，总监办应同时履行本规范规定的驻地办职责。

2 监理机构内部的组织和规模可根据工程特点和规模等因素确定。

3 监理机构完成监理合同约定的任务后可撤离现场。

**3.0.4** 监理人员配备应符合下列规定：

1 监理机构中监理人员应由总监、监理工程师、试验检测人员和必要的监理员等组成。

2 监理人员的数量和专业结构，应根据监理内容、工程规模、合同工期和施工阶段等因素，按保证有效监理的原则确定。

3 高速公路、一级公路等宜按每年每 7 500 万元建安费配备监理工程师 1 名，并可根据工程特点和实际需要在 0.8 ~ 1.2 系数范围内调整。

4 遇重大工程变更等情况，应经建设单位同意后调整监理人员配备，并签订补充协议。

5 监理单位变更总监或监理工程师时，应经建设单位书面同意。

**3.0.5** 总监及总监办应履行下列主要职责：

1 确定监理机构岗位职责及人员，建立工地试验室。

2 主持编制监理计划，审批监理细则。

3 主持召开第一次工地会议、监理交底会。

4 审批施工组织设计及总体进度计划，审验主要原材料和混合料。

5 签发工程开工令、支付证书、单位工程和合同段的停工令及复工令。

6 组织检查施工单位质量、安全和环保等管理体系的建立及运行情况。

7 审查交工验收申请，评定工程质量，参加交、竣工验收。

8 审核工程分包、工程变更、工程延期和费用索赔等。

9 参与或配合工程质量、安全事故的调查和处理。

10 组织编写监理月报和监理工作报告，编制监理竣工资料。

11 提供建设单位委托的其他工程管理咨询服务。

**3.0.6** 驻地监理工程师及驻地办应履行下列职责：

1 主持编制监理细则。

2 主持召开工地会议。

3 审批月进度计划，审查一般原材料和混合料。

4 审批分部分项工程开工申请，签发分部分项工程停工令及复工令。

5 核查施工单位测量、施工放线成果并进行复测。

6 采取巡视、旁站、抽检和验收等方式，检查施工质量、安全和环保等情况。

7 组织分项工程（中间）交工质量检验评定，进行分部工程质量评定。

8 核算工程量清单，对已完工程进行计量。

9 组织填写监理日志，编写监理工作报告，归集监理资料。

**3.0.7** 监理机构在监理过程中发现施工存在质量问题或安全事故隐患的，应要求施工单位整改，未整改或整改不合格的不得进行下一道工序施工，不得进行计量支付。施工单位拒不整改的，监理机构应及时向建设单位或监管部门报告。

**3.0.8** 公路工程监理宜实行信息化管理。

**3.0.9** 公路工程监理应根据工程管理过程划分为下列三个阶段：

1 监理合同签订之日至工程开工令确定的开工之日为施工准备阶段。

2 工程开工之日至工程交工验收申请受理之日为施工阶段。

3 工程交工验收申请受理之日至缺陷责任终止证书签发之日为验收与缺陷责任期阶段。

# 4 施工准备阶段监理

## 4.1 监理准备工作

**4.1.1** 监理计划应由总监主持编制，经监理单位审核后报建设单位批准。当工程监理实施情况发生重大变化时，监理计划应及时修订。监理计划应包括下列主要内容：

1 工程概况。

2 监理工作的依据、范围、内容和目标。

3 监理机构的组织形式，监理人员岗位职责，监理人员和设备配备及进退场计划。

4 监理工作制度、监理程序及工作用表。

5 工程质量、安全、环保、费用和进度等监理工作方案，应明确巡视、旁站、抽检和验收等具体计划要求。

6 合同事项管理和信息管理工作方案。

7 监理设施等。

**4.1.2** 对技术复杂、专业性较强的分部分项工程，尚应编制专项监理细则，并报总监审批。监理过程中，监理细则应根据工程实际变化情况进行补充、修改。监理细则应包括下列主要内容：

1 工程内容和特点。

2 监理工作流程。

3 监理工作要点。

4 监理工作方法和措施。

5 巡视、旁站和抽检等计划。

**4.1.3** 监理机构应组织监理人员熟悉有关技术标准、合同文件、监理计划和工程设计文件。当发现施工图设计文件有差错时，应及时书面通知建设单位。

**4.1.4** 监理工程师应现场了解、核查施工环境和条件。

**4.1.5** 监理机构应按规定填写工程质量责任登记表，如实登记监理人员。

**4.1.6** 监理机构应按合同约定配备必要的试验检测仪器设备，建立工地试验室。

**4.1.7** 建设单位应按合同约定提供监理必要的工作、生活等设施。

## 4.2 监理工作

**4.2.1** 总监应对施工单位报审的施工组织设计进行审查，并在规定期限内批复。审查应包括下列基本内容：

1 施工组织设计的编审程序。
2 质量、安全、环保、进度和费用等目标。
3 技术、质量、安全和环保等保证体系。
4 安全技术措施、专项施工方案和施工现场临时用电方案。
5 桥梁和隧道施工安全风险评估的工程项目清单。
6 施工人员、资金、主要材料和机械设备等资源供应计划。
7 施工总平面布置、交通导改方案、事故应急救援预案。

**4.2.2** 总监办应审核施工单位提交的单位、分部、分项工程划分，并报建设单位。

**4.2.3** 监理机构应对施工单位的工程质量责任登记表进行初审，对施工单位的技术、质量、安全和环保等保证体系建立情况进行检查。

**4.2.4** 监理机构应核查施工单位工地试验室的人员、仪器设备和试验检测能力是否满足施工合同要求及工程施工管理需要，管理制度是否健全。

**4.2.5** 监理工程师应参加设计交底，掌握工程设计意图、设计标准和要点，了解对施工质量、安全和环保控制的要求，澄清有关问题。

**4.2.6** 监理工程师应参加工程交桩，对施工单位提交的原始基准点的复测结果进行核查和平行复测，监督施工单位在原始地面线未被扰动前测定地面线并对其测定结果进行必要的抽测，对工程量清单复核结果及土石方工程量计算资料进行核查。

**4.2.7** 总监应在施工单位完成施工准备、提交开工预付款担保后，按施工合同约定的金额签署开工预付款支付证书，报建设单位审批。

**4.2.8** 总监应在合同段开工前主持召开由施工单位项目经理和技术、质量、安全负责人，工地试验室负责人，其他主要管理人员及主要监理人员等参加的监理交底会，介绍监理计划的相关内容。

**4.2.9** 总监应主持召开第一次工地会议。会议内容和组织应符合本规范第 8.2 节的有关规定。

**4.2.10** 总监办收到施工单位提交的合同段开工申请后，应对合同段的开工条件进行核查。具备开工条件的，总监应签发开工令，并报建设单位。

# 5 施工阶段监理

## 5.1 一般规定

**5.1.1** 监理机构应对施工单位提交的分部工程及主要分项工程开工申请进行审查，并在规定期限内批复。审查应包括下列基本内容：

1 施工方案及主要施工工艺控制要点等是否符合有关技术标准。

2 技术、质量和安全管理人员及主要操作人员等的配备是否满足施工合同要求和施工需要。

**5.1.2** 在施工过程中，监理机构应对施工单位主体责任落实情况、施工合同执行情况和质量安全等保证体系运行情况进行监督检查。

**5.1.3** 监理工程师应采取以巡视为主的方式进行施工现场监理，按计划定期或不定期巡视施工现场，对施工的主要工程每天不少于 1 次，并填写巡视记录（格式见附录 B.1）。巡视应包括下列主要内容：

1 施工现场管理人员特别是质量、安全管理人员是否到位，特种作业人员是否持证上岗。

2 使用的原材料或混合料、构配件和主要施工机械设备是否与批准的一致。

3 是否按技术标准、工程设计文件、批准的施工组织设计和方案施工。

4 质量、安全、环保和施工标准化等措施是否落实，施工自检和工序交接是否符合规定。

**5.1.4** 监理机构应安排监理人员对附录 A 所列旁站项目的施工过程进行旁站，对主要工程的关键项目进行检测见证，并填写旁站记录（格式见附录 B.2），签认检测见证结果。

## 5.2 质量监理

**5.2.1** 监理工程师应审查施工单位提交的施工测量放线数据和成果，对从基准点引出的工程控制桩的重点桩位应复测不少于 30%，经复测不符合规定时应要求其重新测设。

**5.2.2** 监理机构应审查施工单位报审的原材料和混合料试验资料，对主要原材料独立取样进行平行试验，对主要混合料的配合比和路基填料的击实试验结果进行验证，审验合格、经批复后方可在工程上使用。

**5.2.3** 监理机构应在施工单位自检合格的基础上按下列规定进行抽检，并填写抽检记录（格式见附录 B.3）：

1 对钢筋、水泥、沥青、石灰和碎石等原材料及水泥混凝土、沥青混合料和无机结合料稳定材料等混合料，抽检频率按批次应不低于规定施工检验频率的 10%。

2 对分项工程中的关键项目和结构主要尺寸，抽检频率应不低于规定施工检验频率的 20%。

3 当监理工程师对工程材料或实体质量有疑问时，应进行抽检。

**5.2.4** 对施工单位外部采购和委托制作的主要工程构配件或设备，监理工程师应核查产品合格证明文件和施工单位自检报告，进场后对关键项目进行抽检，验收合格后方可使用。对在施工现场不具备检测条件的，监理工程师应按合同约定到厂监督检验。

**5.2.5** 监理工程师应对施工单位报验的隐蔽工程进行检查验收、留存影像资料，未经验收或验收不合格的不得进行下一道工序施工。

**5.2.6** 驻地办在收到分项工程交工或中间交工验收申请后，应对施工单位的检验评定资料进行检查，组织施工单位在监理抽检、检测见证和隐蔽工程验收基础上进行质量评定，对评定合格的签发《分项工程（中间）交工证书》（格式见附录 C）。同一个分项工程中间验收不宜超过 2 次。

**5.2.7** 驻地办应及时对已完分部工程进行质量检验评定，总监办应及时组织对单位工程和合同段进行质量评定。

**5.2.8** 监理机构在监理过程中发现施工不符合法律法规、技术标准及施工合同约定的，应要求施工单位改正，并应符合下列规定：

1 质量不合格的材料、构配件不得在工程上使用。

2 对工程质量缺陷，监理机构应签发监理指令单（格式见附录 D），要求施工单位整改。

3 对质量不合格的工程，监理机构应签发监理指令单，要求施工单位返工处理。

4 对可能危及结构安全或存在重大隐患的质量问题，应签发停工令并向建设单位报告。

5 当发生质量事故时，监理机构应依法按有关规定报告和处理。

6 监理机构应建立质量问题处理台账。

## 5.3 安全监理

**5.3.1** 监理机构应确定主要安全监理人员并明确其岗位职责、监理内容等。

**5.3.2** 安全监理工程师应审查施工组织设计中的安全技术措施或专项施工方案是否符合工程建设强制性标准，应同时审查应急预案、桥梁和隧道等施工安全风险评估报告。对危险性较大工程的专项施工方案中需专家论证、审查的，应检查施工单位组织专家论证、审查的情况。

**5.3.3** 监理机构应检查施工单位安全生产责任制、安全生产规章制度的建立和落实情况，以及重大危险源安全管理和生产安全事故隐患排查治理情况；应核查施工单位项目负责人、专职安全生产管理人员和特种作业人员的资格，以及施工机械设备和设施的安全许可验收手续。

**5.3.4** 监理机构应检查施工单位危险性较大工程的专项施工方案的实施情况。发现未按专项施工方案实施时，应签发监理指令单，要求施工单位整改。

**5.3.5** 监理机构在监理过程中发现存在安全事故隐患的，应要求施工单位整改；情况严重的，应要求施工单位停止施工，并及时报告建设单位。施工单位拒不整改或者不停止施工的，监理机构应及时向有关监管部门报告。

**5.3.6** 分项工程交验时，安全事故的现场处理未完成的，不得签发《分项工程（中间）交工证书》。

**5.3.7** 监理机构应由专人负责建立安全监理台账，及时记录安全专项检查和巡视、旁站中涉及施工安全管理的情况、存在问题、监理指令及施工单位处理情况等。

## 5.4 环保监理

**5.4.1** 监理工程师应审查施工组织设计中是否按施工合同约定制定了防止、减少环境污染和生态破坏的措施。

**5.4.2** 监理人员应检查施工单位环保措施的落实情况，包括下列主要内容：
1 是否落实了施工环保责任人，是否对施工人员进行了环保教育。
2 施工场地布设、材料堆场设置和公路废旧材料处理是否符合环保要求。
3 施工通道、临时便道、料场等在干燥易扬尘时是否洒水降尘。

4　施工废渣、废料、废水和生活垃圾等的处置是否符合设计要求。

5　是否落实水土保持措施，是否在拟定的取弃土场作业，取弃土完工后是否进行了防护和植被恢复。

**5.4.3**　监理工程师应检查施工单位是否依法取得树木砍伐许可，并按许可面积或数量进行砍伐；应督促施工单位依法保护植被、水域和自然景观。

**5.4.4**　监理机构在监理过程中发现施工违反有关环保法律法规、未按合同要求落实环保措施的，应要求施工单位整改；情况严重的，应签发停工令要求施工单位停工，并向建设单位报告。

## 5.5　费用监理

**5.5.1**　监理机构应以质量合格、手续齐全且符合结构安全和环保要求作为计量支付的先决条件。未经总监批准不得支付。

**5.5.2**　监理机构在按合同约定进行计量、支付时，计量、支付项目应不重、不漏，数量应准确。

**5.5.3**　监理机构收到施工单位计量申请后应按下列规定及时进行计量：

1　应根据施工合同约定、核定的工程量清单和签发的《分项工程（中间）交工证书》等进行计量，确定实际完成的工作量。

2　对路基基底处理、结构物基础基底处理等有争议需要现场确认的项目，应会同建设、设计、施工等单位现场计量确定。

**5.5.4**　监理机构收到施工单位提交的工程支付申请后，应按合同约定进行复核，经总监审核后签发支付证书，并报建设单位。

**5.5.5**　监理机构应建立计量支付台账，按月对计量支付数量与计划数量进行比较分析，发现明显差异时应提出调整建议，并报建设单位。

## 5.6　进度监理

**5.6.1**　进度监理应在保证工程质量和安全的基础上以监督施工单位进度计划控制为主线进行。

**5.6.2**　监理机构应审批施工单位提交的进度计划，总体进度计划应由总监审批，月进度计划等应由驻地监理工程师审批并报总监办。审查施工进度计划应包括下列内容：

1 是否符合施工合同工期管理约定，阶段性施工进度计划是否满足总体进度目标控制要求。

2 主要工程项目是否有遗漏，劳动力、材料、机械设备等是否满足进度需要。

3 是否适合建设单位提供的资金、施工场地等条件。

**5.6.3** 监理机构应检查施工进度计划的执行情况，按月通过实际进度与计划进度的比较进行分析评价，主要结论应写入监理月报。

**5.6.4** 进度计划调整应符合下列规定：

1 对总体进度起控制作用的分项工程的实际进度严重滞后时，监理机构应签发监理指令单，要求施工单位采取措施保证工程进度，并向建设单位报告工期延误风险。需要调整进度计划的应重新审批。

2 由于施工单位原因造成工程进度延误，且在监理机构签发监理指令后未有明显改进、工程在合同工期内难以完成的，监理机构应及时向建设单位报告，并按合同约定处理。

3 建设单位或施工单位提出工程进度重大调整时，应按合同或签订的补充合同执行。

## 5.7 机电工程监理

**5.7.1** 机电工程监理除应按本章第 5.1~5.6 节的有关规定执行外，尚应按本节规定进行软件开发、系统功能测试及试运行期的监理。

**5.7.2** 监理机构应审核施工单位提交的应用软件测试大纲，测试合格后方可上线正式运行。

**5.7.3** 监理工程师应审核施工单位提交的系统测试大纲。施工单位完成自测并提交自测报告后，应由监理工程师主持现场系统检验测试并对各项指标是否合格进行评定。

**5.7.4** 在试运行期，监理工程师应巡视检查各系统的试运行情况，重点检查系统工作状况和试运行人员的值班记录，对发现的问题要求施工单位及时整改。监理工程师应核查施工单位提供的备品、备件及专用工具的数量、质量是否满足合同要求。

# 6 验收与缺陷责任期阶段监理

**6.0.1** 监理机构应按规定审查施工单位提出的合同段交工验收申请、审核施工单位编制的竣工图，应根据监理工作情况及工程质量评定结果，对是否同意交工验收进行审查并签署意见。

**6.0.2** 监理机构应按工程验收办法等规定完成合同段工程质量评定、归集整理工程监理资料、编写监理工作报告，并提交建设单位。

**6.0.3** 监理机构应参加交工验收工作，协助建设单位检查施工合同执行情况，并接受对监理合同执行情况的检查。

**6.0.4** 合同段交工验收证书签发后，监理机构应审核施工单位提交的合同段交工结账单，并在规定期限内签认合同段交工结账证书，报建设单位审批。

**6.0.5** 在缺陷责任期，监理机构应检查施工单位遗留问题整改情况；应检查工程质量，对工程质量缺陷要求施工单位修复，并调查缺陷产生的原因，确认责任和修复费用。

**6.0.6** 在合同段缺陷责任期结束、收到施工单位向建设单位提交的终止缺陷责任申请后，监理机构应进行审查。对符合合同约定的，总监办应在规定期限内签发合同段缺陷责任终止证书，并向建设单位提交缺陷责任期监理工作总结。

**6.0.7** 监理机构应参加竣工验收工作，提交监理工作报告和工程监理资料，配合竣工验收检查。

# 7　合同事项管理

**7.0.1**　总监办应依法按规定对工程分包计划和合同进行审查，同意后报建设单位审批。在监理过程中发现有转包、违法分包时，应要求施工单位纠正并报建设单位。

**7.0.2**　监理机构在监理过程中应按施工合同检查施工单位人员履约情况，重点检查项目经理、技术负责人、工地试验室负责人及质量、安全和环保等现场管理人员到岗情况；应检查进场的施工机械设备是否符合施工合同约定，主要施工机械设备是否满足施工质量、安全和进度等要求。

**7.0.3**　监理机构应按下列规定处理工程停工及复工：

1　监理机构签发停工令时，应根据停工原因的影响范围和程度，明确停工范围、期限及停工期间施工单位应做的工作等，并报建设单位。

2　因施工单位原因停工时，监理机构应对施工单位的停工整改过程和结果进行检查、验收。

3　监理机构应审查施工单位的复工申请，当具备复工条件时签发复工令，并报建设单位。

**7.0.4**　监理机构应按下列规定处理工程变更：

1　监理机构应按权限审核、办理施工单位提出的工程变更申请。

2　对涉及修改工程设计文件的工程变更，应报建设单位组织处理。

3　监理机构可向建设单位提出工程设计变更的建议。

4　监理机构可对建设单位要求的工程变更提出意见。

5　由于工程变更发生的费用变化应按施工合同约定执行。

**7.0.5**　总监办应对符合施工合同约定的延期意向或事件进行现场调查，并应在施工单位提出工程延期申请后，对延期原因和拟采取措施等进行审核并报建设单位。

**7.0.6**　总监办应受理施工单位提交的费用索赔意向通知书，收集整理与索赔有关的资料，对索赔原因、费用测算等进行审核，编制费用索赔审核意见报告报建设单位。建设单位因施工单位原因造成损失提出索赔，宜征求总监办的意见。

**7.0.7** 监理机构应按合同约定核定价格调整和计日工。

**7.0.8** 发生违约事件时，总监办应按规定进行调查分析、评估损失，提出处理意见。

**7.0.9** 总监办在处理争端时，应调查、收集相关资料，提出处理方案并进行协调。在施工合同争议仲裁或诉讼过程中，监理机构应按仲裁机关或法院要求配合调查取证。

**7.0.10** 施工合同解除时，总监办应根据合同约定，与建设单位及施工单位协商确定施工单位应得款项或偿还建设单位款项，签发工程结账证书。

# 8 监理工地会议

## 8.1 一般规定

**8.1.1** 监理工地会议根据召开时间、会议内容及参加人员等，可分为第一次工地会议、工地例会和专题会议等。工地例会及专题会议可采用视频会议形式。

**8.1.2** 监理机构应做好会议记录，会议纪要应由各参加单位签认。会议决定执行的有关事项，应按规定的监理程序办理。

## 8.2 第一次工地会议

**8.2.1** 第一次工地会议应按下列规定组织：

1 会议应在工程正式开工前召开。

2 会议应由总监主持。

3 总监办应事先将会议议程及有关事项通知建设单位、施工单位及其他有关单位并做好会议准备，宜邀请工程质量监督部门参加。

4 建设单位、施工单位法定代表人或授权代表应出席，各方在工程项目中的主要管理、技术人员等必须参加。

**8.2.2** 会议应包括下列主要内容：

1 各方应介绍各自的人员、组织机构、职责范围及联系方式。建设单位应宣布对总监的授权，施工单位应提交对项目经理的授权书。

2 施工单位应陈述开工的各项准备工作情况。

3 监理机构应说明监理工作准备情况。

4 监理工程师应说明主要监理程序、质量和安全事故报告程序、文件往来程序和工地例会等要求。

5 建设单位应说明工程占地、拆迁等与开工条件有关的事项。

6 总监应进行会议总结，明确施工准备工作存在的主要问题和解决措施要求。

7 具备开工条件的，可下达工程开工令。

## 8.3 工地例会

**8.3.1** 工地例会应由总监或驻地监理工程师主持，宜每月召开1次，建设单位代表、施工单位项目经理、技术负责人及有关人员应参加。

**8.3.2** 会议应检查上次例会议定事项的落实情况，并对工程质量、安全、环保、费用、进度和合同事项等情况进行讨论，提出解决问题的措施并确定下一步工作安排。

## 8.4 专题会议

**8.4.1** 专题会议可由监理工程师主持，建设单位、施工单位代表及有关人员参加，必要时可邀请有关专家参加。

**8.4.2** 会议应针对工程技术、质量、安全、环保、费用、进度和合同事项等方面的重点、难点及需要协调的问题进行讨论，提出解决方案并形成意见。

# 9 监理资料

## 9.1 一般规定

**9.1.1** 监理资料应包括监理管理文件、质量监理文件、安全监理文件、环保监理文件、费用与进度监理文件、合同事项管理文件，以及监理日志、巡视记录、旁站记录、监理月报、监理工作报告等其他监理文件和影像资料。

**9.1.2** 监理资料应齐全、真实、准确、完整。

**9.1.3** 监理机构应建立健全监理资料管理制度，宜采用信息化手段进行管理。

**9.1.4** 除人员签字部分和现场抽检记录外，监理资料可打印。现场原始记录应留存备查。

## 9.2 资料内容

**9.2.1** 监理管理文件应包括监理合同，监理计划、监理细则，会议记录、会议纪要，综合性往来文件等。

**9.2.2** 质量监理文件应包括质量监理要求和往来文件，测量、材料等审查、试验资料，抽检记录，隐蔽工程验收和工程质量检验评定资料，质量问题处理资料等。

**9.2.3** 安全、环保监理文件应包括安全、环保管理制度、监理要求和往来文件，检查记录，事故、隐患及问题处理资料等。

**9.2.4** 费用与进度监理文件应包括费用与进度计划文件、监理要求和往来文件，工程计量、支付文件，工程开工令，进度检查文件等。

**9.2.5** 合同事项管理文件应包括工程分包、履约检查文件，停工令及复工令，工程变更、延期、索赔、违约和争端处理文件，价格调整文件等。

**9.2.6** 监理日志应按附录 B.4 格式填写，并应经驻地监理工程师或总监审核。巡视记录应经驻地监理工程师审核。

**9.2.7** 监理月报应包括下列主要内容：

1 当月工程实施情况。

2 当月监理工作情况。

3 当月工程质量、安全、环保、费用、进度监理和合同事项管理等情况统计。

4 发现施工存在的主要问题及处理情况。

5 下月监理工作重点。

**9.2.8** 监理工作报告应包括下列主要内容：

1 工程概况。

2 监理工作概况，包括组织机构、人员、设备和设施情况等。

3 监理工作成效，包括质量、安全、环保、费用和进度监理及合同事项管理等措施，施工过程中检查情况，工程质量评定情况及问题和事故处理情况等。

4 交工验收时存在的问题及处理情况。

5 监理工作体会、说明和建议。

## 9.3 归档

**9.3.1** 监理资料应随监理过程及时归集，系统化排列，按规定组卷、编列案卷目录。

**9.3.2** 监理档案应妥善存放和保管，按时移交建设单位。

**9.3.3** 监理单位对未列入监理资料归档的其他监理文件也应分类整理，与工程直接相关的在竣工验收前提交建设单位。

# 附录 A 监理旁站项目

表 A 监理旁站项目表

| 单位工程 | 分部工程 | 分项工程 | | 旁站项目 |
|---|---|---|---|---|
| 路基工程 | 土石方工程 | 土方路基、石方路基 | | 试验段 |
| | | 软土地基处治、土工合成材料处治层 | | 试验段 |
| 路面工程 | 路面工程 | 基层、底基层 | | 试验段 |
| | | 沥青面层 | | 试验段 |
| | | 水泥混凝土面层 | | 试验段，摊铺 |
| 桥梁工程 | 基础及下部构造 | 桩基 | | 试桩，钢筋笼安放、首盘混凝土浇注 |
| | | 地下连续墙 | | 首盘混凝土浇注 |
| | | 沉井 | | 定位、下沉、浇注封底混凝土 |
| | 上部构造 | 预制和安装 | 预应力筋加工和张拉 | 试验工程，首次张拉、首次压浆 |
| | | | 转体施工梁、拱 | 桥体预制、接头混凝土浇注 |
| | | | 吊杆制作和安装 | 穿吊杆、预应力束张拉、首次压浆 |
| | | 现场浇筑 | 预应力筋加工和张拉 | 张拉、首次压浆 |
| | | | 悬臂浇筑梁、主要构件浇筑 | 主梁段混凝土浇注、首次压浆 |
| | | | 劲性骨架混凝土拱、钢管混凝土拱 | 混凝土浇注 |
| | 桥面系及附属工程 | 桥面铺装 | | 试验段 |
| | | 钢桥面上沥青混凝土铺装 | | 试验段，沥青混凝土摊铺 |
| | | 大型伸缩装置安装 | | 首件安装 |
| 隧道工程 | 洞身衬砌 | 支护、钢支撑 | | 试验段 |
| | | 混凝土衬砌 | | 试验段 |
| | 路面 | 面层 | | 同路面工程 |
| 交通工程 | 交通安全设施 | 护栏 | 混凝土护栏 | 首段混凝土浇注 |
| | 机电工程 | 监控、通信、收费、配电、隧道机电设施的主要分项工程 | | 首件施工 |
| | 附属设施 | 服务区、收费站等建筑工程的地基与基础、主体结构 | | 首件施工 |

# 附录 B 监理记录

## B.1 巡视记录

<u>　　　　　　　　　</u>工程项目

# 巡 视 记 录

编号：<u>　　　　　　　</u>

| 施工单位 | | 合同段 | |
|---|---|---|---|
| 巡视人 | | 巡视时间 | 年　月　日 |
| 巡视的范围 | | | |
| 主要施工情况 | | | |
| 质量、安全、环保等情况 | | | |
| 发现的问题及处理意见 | | | |

## B. 2　旁站记录

＿＿＿＿＿＿＿＿工程项目

# 旁 站 记 录

编号：＿＿＿＿＿＿＿

| 施工单位 | | 合同段 | |
|---|---|---|---|
| 旁站人 | | 旁站时间 | 年　　月　　日 |
| 旁站项目 | | | |
| 施工过程简述 | | | |
| 旁站工作情况 | | | |
| 主要数据记录 | | | |
| 发现的问题<br>及处理结果 | | | |

**B.3 抽检记录**

_____工程项目

# 抽 检 记 录

编号：_____

| 施工单位 | | 合同段 | |
|---|---|---|---|
| 抽检人 | | 抽检时间 | 年 月 日 |
| 工 程 部 位 | | | |
| 抽检项目 | | | |
| 检查结果 | | | |
| 检查结论 | | | |
| 处理意见 | | | |
| 审核人 | | 审核日期 | 年 月 日 |

## B.4 监理日志

_____工程项目

# 监 理 日 志

编号：_____

| 监理机构 | | | | |
|---|---|---|---|---|
| 记录人 | | 日期 | | 年 月 日 |
| 审核人 | | 天气情况 | | |
| 主要施工情况 | | | | |
| 监理主要工作 | | | | |
| 问题及处理情况 | | | | |

# 附录 C 分项工程（中间）交工证书

_____工程项目

## 分项工程（中间）交工证书

编号：_____

| 施工单位 | | | 合同段 | |
|---|---|---|---|---|
| 监理机构 | | | | |
| 分项工程 | | | 单位、分部工程 | |
| 中间交工内容及工程数量等 | | | | |
| 施工自检结果 | | | | |
| 施工负责人 | | | 申请日期 | 年 月 日 |
| 监理接收人 | | | 接收日期 | 年 月 日 |
| 质量保证资料及检评资料情况 | | | | |
| 监理抽检情况及评述意见和结论 | | | | |
| 监理工程师 | | | 批准日期 | 年 月 日 |
| 施工负责人 | | | 日期 | 年 月 日 |

# 附录 D　监理指令单

_____工程项目

<h2 style="text-align:center">监 理 指 令 单</h2>

编号：_____

| 施工单位 | | | 合同段 | |
|---|---|---|---|---|
| 监理机构 | | | | |
| 签发人 | | | 日期 | 年　月　日 |

致_____

（说明监理指令的依据、施工单位不符合规定的事实及整改要求等内容）

请于_____年____月____日前回复。

抄送：

| 签收人 | | 日期 | 年　月　日 |
|---|---|---|---|

# 本规范用词用语说明

1 本规范执行严格程度的用词，采用下列写法：

1）表示很严格，非这样做不可的用词，正面词采用"必须"，反面词采用"严禁"；

2）表示严格，在正常情况下均应这样做的用词，正面词采用"应"，反面词采用"不应"或"不得"；

3）表示允许稍有选择，在条件许可时首先这样做的用词，正面词采用"宜"，反面词采用"不宜"；

4）表示有选择，在一定条件下可以这样做的用词，采用"可"。

2 引用标准的用语采用下列写法：

1）在标准总则中表述与相关标准的关系时，采用"除应符合本规范的规定外，尚应符合国家和行业现行有关标准的规定"；

2）在标准条文及其他规定中，当引用的标准为国家标准和行业标准时，表述为"应符合《××××××》（×××）的有关规定"；

3）当引用本标准的其他规定时，表述为"应符合本规范第×章的有关规定"、"应符合本规范第×.×节的有关规定"、"应符合本规范第×.×.×条的有关规定"或"应按本规范第×.×.×条的有关规定执行"。

附件

# 《公路工程施工监理规范》

## （JTG G10—2016）

## 条 文 说 明

# 1 总 则

**1.0.1** 《中华人民共和国公路法》第二十三条规定，"公路建设项目应当按照国家有关规定实行法人负责制度、招标投标制度和工程监理制度。"

本规范不仅规范施工监理工作，还包括建设、施工等单位与监理有关的行为，因此未使用"监理工作"或"行为"。

**1.0.2** 《公路工程施工监理规范》(JTG G10—2006)(以下简称"原规范")第1.0.2条规定，"本规范适用于实施工程监理制度的公路工程项目的施工监理，养护工程监理可参照执行。"本次修订不再强调养护工程参照执行，要根据养护工程是否实行工程监理制度来考虑。

**1.0.3** 公路工程监理作为兼具政策性、管理性的技术咨询服务工作，方方面面的法律法规需要遵照执行，有的属宏观、原则性的，有的是实质、操作性的，包括《公路法》、《招标投标法》、《合同法》、《安全生产法》、《环境保护法》、《环境影响评价法》、《水土保持法》及国务院《建设工程质量管理条例》、《建设工程安全生产管理条例》、《生产安全事故报告和调查处理条例》等。

实际上，有关法律法规、技术标准、工程设计文件等也是合同的当然内容。

**1.0.4** 监理工作是项目建设管理工作的重要组成部分（以前也有"监理工作是建设管理工作的延伸"的表述）。工程项目管理中，监理工作包括为实现质量、安全、环保、费用和进度等目标所做的管理、控制和保证工作，以及合同管理、信息管理和协调工作（即所谓"五控两管一协调"）。相对建设单位，监理工作是受委托提供监理咨询服务；相对施工单位，监理工作是进行监督、控制和管理。FIDIC合同条款就是针对建设、监理和施工单位等各方的。在不同的建设管理模式下，具体哪些工作由监理机构负责，根据法律法规的规定和实际需要由建设单位与监理单位确定。按照同样道理，施工合同中也会明确很多与监理工作有关的内容。

交通运输部组织开展的建设管理体制改革调研和其他调研中，普遍反映存在"监理职责不清，与项目法人和施工单位职责交叉"问题，因此有必要明确规定"避免责权不清或交叉"。

按照交通运输部《关于深化公路建设管理体制改革的若干意见》（交公路发〔2015〕54号）及相关配套文件，项目建设管理采用自管模式或代建模式，建设单位

（包括业主、项目法人、建设管理法人或代建单位等的统称）可能不再强制委托社会监理，并不是不监理、不实行监理制度，而是自行监理，按规定仍须执行监理规范。因为履行监理职责要对应施工单位，所以也需确定监理机构及其职责和权限，做到责权明确、界面清晰、程序严谨，并通知施工单位。

《公路建设项目代建管理办法》（交通运输部令 2015 年第 3 号）和《公路工程设计施工总承包管理办法》（交通运输部令 2015 年第 10 号）等也都明确了监理管理要求。

**1.0.5** 我国推行公路工程监理制度后，早期总结提出了"严格监理、热情服务、秉公办事、一丝不苟"的监理原则，并纳入了《公路工程施工监理办法》（交工发〔1992〕378 号）和《公路工程施工监理规范》（JTJ 077—95）。后来，演变形成"严格监理、优质服务、公正科学、廉洁自律"的职业准则，但未在原规范中体现。本次修订时据此增补了原则性的要求，作为监理工作的基本遵循。

# 2 术语

根据需要和技术标准编写导则规定增补了术语的英文译名。

**2.0.1** 公路工程"监理"一词最初来源于日文"工事监理"（即施工监理、工程监理），FIDIC 合同条款中并未直接出现而是用"咨询服务"，之前我国大陆和台湾，及日本等也用在"交通（车辆）监理"中。现仍顾名思义，作"监督管理"解，并明确了咨询服务属性。原规范中为"监督和管理"。

《建筑法》第三十二条规定，"建筑工程监理应当依照法律、行政法规及有关的技术标准、设计文件和建筑工程承包合同，对承包单位在施工质量、建设工期和建设资金使用等方面，代表建设单位实施监督。"

**2.0.3 ~ 2.0.6** 监理人员包括监理工程师、监理员和试验检测人员等，见本规范第3.0.4 条规定。

原规范中使用"监理工程师"（FIDIC 称"工程师"或"咨询工程师"）来表示所有监理机构或监理人员。本次修订时，进一步分别明确了监理机构、总监办、驻地办及监理人员、监理工程师、总监、驻地监理工程师等术语的使用范围。

考虑到术语的使用层次，本次修订未纳入专业监理工程师、试验检测人员、监理员等诸多术语的解释。目前公路工程监理工程师证书包括监理工程师和专业监理工程师两类，该"专业监理工程师"是指证书的种类而非工程项目监理机构中的岗位。当规范条文中仅出现"监理工程师"一词时（如第3.0.4 条第1 款），则是指监理机构中的岗位或具备监理工程师资格的人员，包括总监、驻地监理工程师、专业监理工程师和其他监理工程师等。专业监理工程师岗位包括合约工程师、路面工程师、桥梁工程师、材料工程师、安全监理工程师和环保监理工程师等。

**2.0.11** 抽检定义为平行或者随机检验，而不全部是平行检验。众所周知，材料质量检验和过程控制中的工程实体指标检测，除了要评价质量是否合格外，主要是重点抽查关键部位和薄弱环节，同时验证施工单位试验检测的情况。而对产品类和评价工程质量的验收检测，则需要采取随机抽样方法。

**2.0.12** 检测见证是抽检与旁站的结合。考虑到公路工程点多线长、地处偏远的特点，又与《建设工程质量管理条例》第三十一条的规定有所区别，暂未独立列出。

根据《公路工程质量检验评定标准》（JTG F80），关键项目是指"分项工程中对结构安全、耐久和主要使用功能起决定性作用的检验项目。"

**2.0.13** "监理日志"不同于"监理日记"，是指监理机构的工作记录，具体内容要求见本规范第9.2.6条和附录B.4。监理人员的个人工作记录为"监理日记"，有的也使用统一印制的监理日志本。

# 3 基本规定

**3.0.1** 总监负责制是指由总监全面负责工程监理实施工作。按照本规范第2.0.5条的解释，总监是负责全面履行项目监理职责的管理者。

**3.0.3** 本条明确了监理机构设置时应考虑的因素和撤场条件。

监理工程项目无论大小，均需设置总监办统一组织实施监理工作。根据调研，本次修订进一步收窄了可设置驻地办的范围。总监办在现场设立的驻地监理组则并不属于独立的监理机构。

只设总监办、不设驻地办的，本规范对驻地办相应的人员配备、职责等要求属于总监办。在此情形下，监理机构即等同于总监办，驻地办也指总监办，驻地监理工程师也指总监。

组织是指监理机构中的内部组织结构及关系，见本规范第4.1.1条监理计划。

调研中反映，有建设单位利用总监办的名义侵占监理机构的权利和费用而不履行相应职责。这是不符合法规要求的。

**3.0.4** 本条明确了监理人员配备时应考虑的因素和原则。

本条中总监、监理工程师等均系监理机构中的岗位职务，需建设单位、监理单位等的批准和授权或在合同、文件中明确，同时要严格控制监理员等辅助人员的数量。监理工程师包括驻地监理工程师、专业监理工程师和其他监理工程师等。

按照年建安费计算配备持证监理工程师是原规范的重要研究成果之一。根据10年来发展和调研情况，针对普遍反映的人数太多、费用偏低等问题，本次修订通过将高速公路、一级公路建安费由原5 000万元提高至7 500万元而减少了持证监理工程师配备的基准数量要求，同时维持了0.8~1.2的调整系数。其他工程项目监理工程师的配备人数结合工程监理实际需要确定。

本次修订增补了遇重大工程变更、变更总监或监理工程师时的要求。而不允许降低资格条件等则属于合同约定的内容，因此未作强制性规定。

**3.0.5~3.0.6** 本次修订分别对总监办、驻地办的主要职责进行了梳理、调整。具体项目管理过程中，还要按照法律法规、招投标、合同、委托或授权的实际情况执行。

增补了安全、环保方面职责内容。

进一步区分了审查、审批、批准、批复、审核、核查、审验等用词，并在第4、5

章中精简了事前审批方面的工作。原则上，除了审批和已明确需要签认、批准的事项需出具正式意见外，审查、审核等过程中发现存在问题的，也要出具书面意见或记录。

主要原材料和混合料见本规范第5.2.3条所列，其他为一般材料。

经与《公路工程质量检验评定标准》（JTG F80）修订协调，分项工程由监理机构"组织"施工单位进行质量检验评定，监理机构对分部、单位工程质量进行检验评定。因此，又细分至总监办和驻地办。

根据监理的定位和定义，明确了"其他工程管理咨询服务"。

按照第3.0.3条的规定，当不设驻地办时，驻地办相应的职责由总监办承担。

**3.0.7** 本条进一步明确、强调了监理机构对工程质量、安全等问题的否决权。

《建设工程质量管理条例》第三十七条规定，"未经监理工程师签字，建筑材料、建筑构配件和设备不得在工程上使用或者安装，施工单位不得进行下一道工序的施工。未经总监理工程师签字，建设单位不拨付工程款，不进行竣工验收。"《建设工程安全生产管理条例》等也有相应的规定。

监理过程包括事前的审查、审批，事中的巡视、旁站、抽检，事后的签认、验收（检验评定）等，具体规定见第4~7章。

**3.0.8** 鼓励采用信息化手段提高监理工作效率，除日常监理信息管理外，包括建立监理资料管理、统一的试验检测数据平台，结合现场监控情况进行巡视、旁站，采用智能化监测、检测技术，与建设单位、施工单位基于信息平台协同工作等。

**3.0.9** 工程开工令确定的开工之日，标志着施工准备阶段的结束和施工阶段的开始；工程交工验收申请的受理，标志着合同工程施工阶段的结束和验收与缺陷责任期阶段的开始。工程监理始于监理合同签订，止于缺陷责任终止证书签发。

需要注意的是，交、竣工验收时间是一个动态的期限，而缺陷责任期是固定的，交工验收针对合同段、与项目通车试运营有所区别，缺陷责任期结束并不一定与竣工验收完成之日一致。当组织竣工验收时间滞后于缺陷责任期结束时，监理单位需要继续承担的工作属于合同中约定的内容。

# 4 施工准备阶段监理

## 4.1 监理准备工作

**4.1.1** 本条细化了监理计划包括的主要内容，并增补了应及时修订的要求。

监理计划是监理机构针对所监理工程的具体实际情况编制的指导、全面实施监理工作的总体计划，是对监理规范和合同要求的细化和补充，如明确巡视的人员、在不同情况下巡视的频次、巡视的范围和重点等具体计划和要求。与投标文件中监理方案等不同，监理计划的编制需要有很强的指导性、针对性和可行性，便于操作和实施，注重"五控两管一协调"之间的有机联系，既全面又重点突出。

完成监理计划编制的期限属于监理合同约定的内容。如无约定，一般在监理合同签订之日起一个月内、召开第一次工地会议下达之前完成。

**4.1.2** 本条明确了监理细则应包括的主要内容和应修改完善的要求。

巡视、旁站、抽检和验收的重点包括影响主体结构安全和主要使用功能、完工后无法检测其质量或返工会造成较大损失的部位及其施工过程等。

参照《建筑法》采用了"专业性较强"而不仅针对"危险性较大"。

**4.1.3** 合同、工程设计文件和监理计划是监理工作的重要依据，熟悉有关法律法规、技术标准是做好监理工作的基础。尽管监理机构已没有审查施工合同文件的义务，但如果发现合同文件、施工图设计文件等有错漏或文件之间要求有不一致之处，当然要提出进行处理、改正。

**4.1.5** 交通运输部《关于严格落实公路工程质量责任制的若干意见》（交公路发〔2008〕116号）中规定，"公路建设项目实行工程质量责任登记制度，从业单位应按要求填写工程质量责任登记表。""填写单位应对工程质量责任登记表的真实性负责。"并提出了相应的填写内容事项要求。

**4.1.6～4.1.7** 原规范第4.1.1条规定，"总监办中心试验室应按监理合同要求配备常规的试验检测设备；驻地办试验室应按监理合同要求配备现场抽查常用的试验检测设备。"工地试验室及监理设施的建设范围、配置要求和费用提供等是在监理合同中约定的内容，以满足工程监理工作需要为目标。

## 4.2 监理工作

本节合并了测量、复核、核算等内容，减少了审批事项。

**4.2.1** 本条明确了审批施工组织设计的基本内容，并增补了技术保证体系要求。

审批时限等属于合同规定的内容，一般先由驻地监理工程师和专业监理工程师审查并提出审查意见，然后由总监办专业监理工程师审核后由总监签署批复。

"专项施工方案"针对达到一定规模的危险性较大的工程，参见本规范第5.3.2条的规定及条文说明。国务院《建设工程安全生产管理条例》、交通部《公路水运工程安全生产监督管理办法》及《公路工程施工安全技术规范》（JTG F90—2015）等有关文件中列示了危险性较大的工程（包括需编制专项施工方案和需专家论证审查两类），具体项目见《公路工程施工安全技术规范》（JTG F90—2015）附录A等。

交通运输部《关于开展公路桥梁和隧道工程施工安全风险评估试行工作的通知》（交质监发〔2011〕217号）"决定在施工阶段实行公路桥梁和隧道工程安全风险评估制度。"并提出了有关要求，具体内容见本规范第5.3.2条条文说明。

**4.2.2** 单位、分部、分项工程划分是工程项目管理的一条主线，如工程质量检验评定（验收）、计量等都是以分项工程为基础。《公路工程质量检验评定标准》（JTG F80）中规定了工程划分的项目和主要工程。划分内容包括列出所有的单位、分部、分项工程并按统一的规则分类编号，而不仅仅是划分原则。

**4.2.3** 《关于严格落实公路工程质量责任制的若干意见》要求"施工总包单位的工程质量责任登记表经监理单位初审后由项目法人负责审核。"

对施工单位的技术、质量、安全和环保等保证体系，在施工准备阶段主要是其建立、到位情况是否符合施工组织设计中的规定，重点是人员到位、设施到位、资金到位、规章制度到位和职责分工到位等。

**4.2.4** 试验检测是施工单位指导施工、控制质量和评价质量的基本技术手段，也是检查、评价、验收工程质量的科学依据。施工单位在现场设立的工地试验室的要求是施工合同和有关法规中的规定。

**4.2.5** 设计交底会一般由设计或施工单位编写会议纪要，监理机构参加人员与建设、设计、施工等单位负责人共同签认。

**4.2.6** 原始基准点、基准线和基准高程是决定整个工程平面位置和高程的基础，因此要求进行平行复测检查。考虑到目前测量技术的发展进步和工程实际，对其他有关抽测频率要求有所降低。

原始地面线是影响计量、容易出现争议的关键因素，需要测定准确、经过确认。若施工单位擅自开工扰动了原始地面线，监理工程师需要根据设计文件按不利结果认定。

工程量清单是计量支付的主要依据，清单管理也是费用监理的主要工作之一。监理工程师需要按照有关法规和施工合同规定的计量原则进行工程数量核算。

**4.2.8** 根据工程实际和准备工作情况，监理交底会有的在开工前单独召开，对中小项目有时与第一次工地会议一起召开。

**4.2.10** 核查开工条件包括本节第 4.2.1~4.2.7 条的内容等。

# 5 施工阶段监理

原规范"质量监理"一节中，审批分项分部工程的开工申请和巡视、旁站等涉及安全、环保方面的监理内容，本次修订单列为"一般规定"。同时，减少了事前审批审查事项，或者将审批调整为审查，或者改为事中事后检查。将"监理工程师应采取以巡视为主的方式进行施工现场监理"写入条文，以减少"监工"现象。结合《公路工程质量检验评定标准》（JTG F80）等拟取消打分的评定体系，在突出重点、抓住关键、丰富手段的基础上，强化程序控制、工序验收和检验评定，调整了试验、巡视、旁站、抽检项目和频率，进一步减少相应监理工作量和内业工作量。

《建设工程质量管理条例》第三十八条规定，"监理工程师应当按照工程监理规范的要求，采取旁站、巡视和平行检验等形式，对建设工程实施监理。"

## 5.1 一般规定

**5.1.1** 对分部工程及主要分项工程，同时审查施工方案、主要工艺和人员配备等。因为按相同方案施工的一些分项工程的审查内容重复，所以仅审批首次申请。原规范条文说明中也已明确，"对分项工程的开工申请的批准，不仅仅是对某一特定分项工程的审批，也包括在同一合同工程中相同单位工程、分部工程中相同分项工程的审批，但分项工程开工条件有变化的除外。"结合分项工程划分表，本条规定容易掌握。

《公路工程质量检验评定标准 第一册 土建工程》（JTG F80/1—2004）附录 A "表内标注 * 号者为主要工程"。

**5.1.2** 增补本条，进一步强调了施工过程中监理的基本内容要求。对施工单位主体责任的要求在一系列法律法规中已有明确规定。《关于深化公路建设管理体制改革的若干意见》中"改革工程监理制"部分又强调指出，"工程施工质量和安全的第一责任人是施工单位，勘察设计质量和安全的第一责任人是勘察设计单位"。

**5.1.3** 巡视更适合公路工程施工线长、点多、面广的特点，明确写入"监理工程师应采取以巡视为主的方式进行施工现场监理"作为对现场监理工作机制的重要调整，并细化了巡视内容要求。

根据调研，原规范规定"每天对每道工序的巡视应不少于1次"过于频繁又模糊，修订后不再针对每道工序，而要求"对施工的主要工程每天不少于1次"。巡视的主要目的是全面掌握现场总体情况、发现施工中存在的问题并要求改正。

2011年2月交通运输部印发了《关于开展高速公路施工标准化活动的通知》（交公路发〔2011〕70号），目前施工标准化活动已在各等级公路建设养护中逐步实现常态化，因此将"施工标准化"写入了条文。

**5.1.4** 多年来，大家对旁站太多、太滥、效果不佳的反映很多，取消"监工"模式的呼声很高。实际上，经调研分析认为，未严格执行原规范、未按其附录所列项目进行旁站、盲目擅自提要求是主要原因。现代信息化、远程监控监测等技术的运用也为现场监管提供了有效手段。所以程度词由"宜"改为"应"，按照附录A所列旁站项目开展工艺过程旁站。旁站的目的已转变为主要是验证施工方案、工艺、过程控制措施的合理性。当然，对独立大型桥梁、隧道等特殊工程，也允许适当调整旁站项目，这需要在合同中明确。"检测见证"作为对检测过程的一种旁站，也列入本条。

原规范第5.1.10条规定："旁站监理人员应重点对旁站项目的工艺过程进行监督，并对本规范第5.1.9条规定的内容进行检查"，即其检查的内容与巡视相同，本次修订不再重复强调。

原规范中旁站项目完工后应组织检查验收的要求，主要内容与原"5.1.8 关键工序签认"重复。本次修订将其进行了合并，并列入隐蔽工程验收。

## 5.2 质量监理

**5.2.1** 将原规范中"对施工放线的重点桩位100%复测"修改为"对从基准点引出的工程控制桩的重点桩位应复测不少于30%"，删除"其他桩位不低于30%抽测"。重点桩位是主要结构物控制桩位和路中线控制点等。

**5.2.2** 本条明确对"主要"原材料独立取样进行平行试验，对主要混合料的配合比试验结果进行试验验证。主要原材料和主要混合料见本节第5.2.3条所列。监理的材料试验针对常规质量指标而非全部指标。

本条明确了对路基填料击实试验结果进行验证并论证取值的要求，体现出高度重视路基等压实控制。

删除了对"商品"混凝土等的审查要求，对其不需特别对待。

**5.2.3** 本条明确了主要原材料和主要混合料，在结合第5.2.2条审验的基础上，调低了抽检频率，删减了对"其余材料"的抽检要求。

在公路工程质量检验评定取消评分制后，监理机构不需对分项工程全部实测项目进行抽检也能评定，使得只针对关键项目和结构主要尺寸等进行抽检具备了条件。评定分部、单位工程质量时的要求，按照检评标准的规定需增加综合和外观质量检查等。

原规范条文说明中指出，"该'抽检频率'仅适用于每个检测项目的检测、测量和取样试验的次数，而对各种原材料、混合料和每个单位、分部、分项工程及所有规定的检测项目要全部抽检。"

基本要求等检验项目中往往包含对材料的要求，材料质量主要指标往往也是关键项目。当分项工程中的关键项目同时是主要混合料的抽检指标时（如混凝土强度），则无须重复抽检或采用不同方法进行现场实体检测。

对质量有怀疑时进行抽检，是监理工程师的权利，也是责任。

**5.2.4** 将原规范第9.2.2条"厂验"部分内容纳入。

**5.2.5** 原规范第5.1.10条"旁站"中要求"旁站项目完工后，监理工程师应组织检查验收，验收合格方可进行下道工序施工。"第5.1.12条"关键工序签认"中又针对"完工后无法检验的关键工序"。本次修订对其进行了合并，同时采用了通行的"隐蔽工程"一词，指分项工程等完工后无法检验的关键工序，也包括了有关旁站项目。

**5.2.6** 本条包括分项工程验收和分项工程中间验收两部分内容。

工程分层次的质量检验评定即验收的主要依据是《公路工程质量检验评定标准》（JTG F80）等。

分段、分阶段进行中间检验评定的要求与分项工程相同，但执行中有的过于分散、频繁，造成工作量增大，为此对次数进行了限制。即使如典型的土方路基和涵洞分项工程，分层填筑的层数较多或涵洞数量较多时，除非分段完成或中途需要长时间停工，否则也无必要为了计量而按中间交工验收处理。

**5.2.7** 分部、单位、合同段等工程质量的评定根据是工程验收办法和《公路工程质量检验评定标准》（JTG F80）等。

不从分项工程评起、直接以分部工程为单元进行评定时的要求主要包括：所含（可见的）检验项目均应合格，质量保证资料应齐全完整，外观质量应符合要求等。

**5.2.8** 根据有关法律法规，监理机构没有对质量事故处理的职责和权限，因此将原"质量事故处理"修改为质量问题处理。内容针对监理人员在审查、巡视、旁站、抽检和验收过程中发现的质量问题、质量缺陷及不合格的工程、材料和构配件等，从而把监理的质量否决权落到实处。

质量不合格的材料、质量不合格的工程等的结论，其依据是本规范第5.2.3条"抽检"及附录B.3"抽检记录"等。

《建筑法》第三十二条规定，"工程监理人员认为工程施工不符合工程设计要求、施工技术标准和合同约定的，有权要求建筑施工企业改正。"

## 5.3 安全监理

规范工程施工安全生产管理的法律法规有很多，但明确监理单位安全责任的主要是《建设工程安全生产管理条例》第十四条，其内容如下：

"工程监理单位应当审查施工组织设计中的安全技术措施或者专项施工方案是否符合工程建设强制性标准。

"工程监理单位在实施监理过程中，发现存在安全事故隐患的，应当要求施工单位整改；情况严重的，应当要求施工单位暂时停止施工，并及时报告建设单位。施工单位拒不整改或者不停止施工的，工程监理单位应当及时向有关主管部门报告。

"工程监理单位和监理工程师应当按照法律、法规和工程建设强制性标准实施监理，并对建设工程安全生产承担监理责任。"

**5.3.1** 本规范第 4.1.1 条监理计划中已经明确主要安全监理人员和相关要求，本条又进行了突出强调。

**5.3.2** 《建设工程安全生产管理条例》第二十六条规定，"施工单位应当在施工组织设计中编制安全技术措施和施工现场临时用电方案，对下列达到一定规模的危险性较大的分部分项工程编制专项施工方案，并附具安全验算结果，经施工单位技术负责人、总监理工程师签字后实施，由专职安全生产管理人员进行现场监督"。"对前款所列工程中涉及深基坑、地下暗挖工程、高大模板工程的专项施工方案，施工单位还应当组织专家进行论证、审查。"

《关于开展公路桥梁和隧道工程施工安全风险评估试行工作的通知》中要求，"重大风险源的监控与防治措施、应急预案经施工企业技术负责人和项目总监理工程师审批后，由建设单位组织论证或复评估。""监理单位在审查工程施工组织设计文件、危险性较大工程专项施工方案、应急预案时，应同时审查施工安全风险评估报告；无风险评估报告，不得签发开工令。"

**5.3.3** 《安全生产法》第三十七条规定，"生产经营单位对重大危险源应当登记建档，进行定期检测、评估、监控，并制定应急预案，告知从业人员和相关人员在紧急情况下应当采取的应急措施。"第三十八条规定，"生产经营单位应当建立健全生产安全事故隐患排查治理制度，采取技术、管理措施，及时发现并消除事故隐患。事故隐患排查治理情况应当如实记录，并向从业人员通报。"

《公路工程施工安全技术规范》（JTG F90—2015）附录 D 列有特殊作业人员范围，附录 F 为特种设备名录。

**5.3.7** 安全监理台账是直观反映专职、兼职安全监理人员履行职责与否的重要记录和证明，因此要求规范、详尽、及时汇总记录。

## 5.4 环保监理

**5.4.1** 《环境保护法》中所称环境，是指影响人类生存和发展的各种天然的和经过人工改造的自然因素的总体，包括大气、水、海洋、土地、矿藏、森林、草原、湿地、野生生物、自然遗迹、人文遗迹、自然保护区、风景名胜区、城市和乡村等。

《环境影响评价法》中所称环境影响评价，是指对规划和建设项目实施后可能造成的环境影响进行分析、预测和评估，提出预防或者减轻不良环境影响的对策和措施，进行跟踪监测的方法与制度。

公路工程环保监理的内容主要包括施工单位防止、减少环境污染和生态破坏等环保措施的制定和落实情况，也包括工程项目中防治污染的设施情况。

交通部 2007 年印发了《关于在公路水运工程建设监理中增加施工安全监理和施工环保监理内容的通知》（交质监发〔2007〕158 号）。交通部《关于开展交通工程环境监理工作的通知》（交环发〔2004〕314 号）中曾指出，"工程环境监理主要包括环保达标监理和环保工程监理。环保达标监理是使主体工程的施工符合环境保护的要求，如噪声、废气、污水等排放应达到有关的标准等。环保工程监理包括生态环境保护，水土保持，自然保护区、风景名胜区、水源保护区等地的保护，包括污水处理设施、声屏障、边坡防护、排水工程、绿化等在内的环保设施建设的监理。"

**5.4.3** 《环境保护法》第三十五条规定，"城乡建设应当结合当地自然环境的特点，保护植被、水域和自然景观，加强城市园林、绿地和风景名胜区的建设与管理。"

## 5.5 费用监理

按照原规范中的条文说明，"监理工程师对费用监理已基本熟悉并取得一些经验，因此工程量清单、工程计量、工程支付的范围、原则、方式及程序等未再编入本规范。"实际上，目前我国多数公路工程项目的计量、支付方式已与原世行、亚行等贷款项目有了本质的区别。

**5.5.1** 计量与支付的先决条件是已完分项、分部工程质量经过施工单位自检和监理验收，确认工程质量合格，且质量保证资料、评定资料齐全有效，同时符合安全和环保监理的规定。

**5.5.4** 施工单位提交的支付申请中附有相关各项支持文件资料。监理工程师签发支付证书的时限是合同规定的内容。

**5.5.5** 监理机构建立台账的主要依据包括合同中工程量清单内的数量、单价、金额，以及经建设单位批准的清单核算，随时发生的变化要与计量支付申请、批准的数量和金额相一致，在此基础上进行定期比较分析和动态管理。

## 5.6 进度监理

**5.6.1** 进度控制主要是计划控制，包括计划制订、审批、实施、检查和调整等。

进度监理主要是对施工单位计划控制的监督检查，结合合同事项管理进行。当发现问题和违约风险时，要求进行纠正。

**5.6.2** 进度主要用持续时间（工期）表示，或者用工程量、价值量（资金流量）等表示。进度管理软件等为监理工程师编制、核算网络计划、细化或补充具体要求提供了便捷手段。进度计划除工期图表外，还包括资源供应和相关保证措施等。

本条增补了审查的基本内容。进度计划审批主要以合同文件、工艺周期、工期定额、主要构配件及设备供应期限、气候环境条件、征地拆迁计划、其他现场实际状况等为依据。对于总体进度计划和关键阶段工程进度计划，在批准前还要征求建设单位意见。

**5.6.3** 进度计划批准后，监理工程师的主要工作是监督重点进度计划的执行情况，分析实际进度与计划进度的偏差及其产生原因，定期进行评价并告知建设单位。

## 5.7 机电工程监理

**5.7.1** 原规范第9章"机电工程监理"中的内容多属重复和引用。根据调研、对比分析和实际工作需要，总结了公路机电工程监理与土建工程监理的主要差别，在于施工周期较短且靠后，侧重产品及设备采购、安装、调试、功能测试和软件开发，需要经过试运行后方可交工等。为此，全部删减了重复和引用的内容，突出、保留了确需增加的内容共3项，即软件开发监理、系统检验测试和试运行期监理，并作为一节纳入本章。

机电工程试运行是在机电工程合同段交工验收前完成，因此试运行期属于施工阶段的后期。

**5.7.2** 公路机电工程中应用软件的开发和管理，由国家有关计算机软件开发技术标准进行规范，大型软件开发的监理也有信息系统工程监理等方面的规定。

**5.7.3** 公路机电工程系统检验测试包括施工单位自测及监理签证测试、功能测试与技术指标测试，具体内容见《公路工程质量检验评定标准 第二册 机电工程》（JTG F80/2）等的规定。

**5.7.4** 机电工程试运行主要考查系统设备、应用软件的运行稳定性、可靠性。在此期间，监理工程师按巡视要求检查系统设备的运行情况。对发现的功能、设备故障等问题进行详细记录后，由施工单位及时排除故障、调整系统参数等，以保证投入试运行的系统设备工作正常、运行稳定、性能良好。

# 6 验收与缺陷责任期阶段监理

公路工程交竣工验收中的监理工作，具体已在有关法律法规和交通运输部有关规范性文件中规定。根据公路工程验收办法，交工验收阶段主要工作是检查施工合同的执行情况、评价工程质量、对各参建单位工作进行初步评价；竣工验收阶段主要工作是对工程质量、参建单位和建设项目进行综合评价，并对工程建设项目做出整体性综合评价。对单位、分部、分项工程的验收主要是指质量检验评定。

**6.0.1** 原规范规定，"重点检查：合同约定的各项内容的完成情况；施工自检结果；各项资料的完整性；工程数量核对情况；工程现场清理情况等。"鉴于交通运输部《公路工程竣（交）工验收办法实施细则》（交公路发〔2010〕65 号）等规定了交工验收应具备的条件和审查要求，如第五条中"监理单位根据工程实际情况、抽检资料以及对合同段工程质量评定结果，对施工单位交工验收申请及其所附资料进行审查并签署意见。"本次修订不再重复。

**6.0.2** 监理机构根据工程完工情况评定工程质量、编写监理工作报告，多需在施工单位申请合同段交工验收前进行。监理工作报告的要求见本规范第9.2.8条。

**6.0.5** 缺陷责任期以及对施工、监理单位的有关要求是在合同中明确的内容。

**6.0.7** 公路工程验收办法规定监理单位代表应参加工程竣工验收工作，但不作为竣工验收委员会成员。

有些项目交工验收至竣工验收的间隔时间较长，监理单位也需按合同约定安排专人负责缺陷责任期和交竣工验收期间的监理工作。

# 7 合同事项管理

本次修订将原规范中"合同其他事项管理"一节单独作为一章，并将审查工程分包、人员配备和机械设备等内容移入，"审查"改为"检查"。总结分析认为，FIDIC的核心是合同管理，本章涉及的是施工合同有关事项而非"其他事项"的管理。

**7.0.1** 交通运输部《关于印发公路工程施工分包管理办法的通知》（交公路发〔2011〕685 号）"第四章 合同管理"第十三条规定，"承包人应在工程实施前，将经监理审查同意后的分包合同报发包人备案。"并且禁止将承包的公路工程进行转包，禁止违法分包公路工程。

**7.0.3** 本次修订将《工程暂停令》修改为《停工令》，签发停工令、复工令的要求以监理、施工合同的有关约定为依据。

**7.0.4** 工程变更包括施工变更和设计变更。本条对工程变更的提出、监理工程师审核及工程变更的确定和执行提出原则要求。工程设计变更管理的依据是《公路工程设计变更管理办法》（交通部令 2005 年第 5 号）等。

**7.0.6** 本条增补了建设单位提出索赔、事先征求监理意见的要求。

**7.0.7** 价格调整处理要求一般在施工合同中有明确规定。计日工属于合同清单内容，一般在合同总价范围内。

**7.0.9** 原规范第 5.6.10 条延续了监理工程师进行"争端协调"的规定。鉴于监理机构已经不再具有调解、仲裁等职责和条件，本次修订删减了对驻地办（监理工程师）的要求，并弱化了总监办的相应协调工作。但在施工合同争议仲裁或诉讼中，监理机构还有按要求配合调查取证的义务。

**7.0.10** 增补本条明确了施工合同解除时的监理工作，以增强体系的完整性。

# 8 监理工地会议

工地会议是公路工程监理中形成的有效工作制度，是监理机构与参建各方重要的工作协调方式。通过会议检查工程实施情况与存在问题，研究下阶段工作计划，并对工程中重点、难点问题进行专题研讨。因此应坚持该项制度。

## 8.1 一般规定

**8.1.1** 本条增补了具备条件和根据工作需要可采用视频会议形式的规定，以提高工作效率。

**8.1.2** 经三方确认的正式会议纪要，作为监理文件下达时成为合同管理文件的一部分。但会议纪要中涉及合同条款变更和设计文件等内容时，仍需要在工地会议三方协调一致的基础上按规定监理程序办理必要手续。

## 8.2 第一次工地会议

**8.2.1** 本条明确了第一次工地会议召开的时间、主持人、通知准备、参加单位和人员等。"其他有关单位"包括设计、检测单位等。

**8.2.2** 在事先申请、核查、沟通的基础上，会议通过对开工准备情况的通报、检查，认为开工条件已具备的，在会议结束前由总监下达开工令。不具备开工条件的，对存在的问题提出具体的解决要求，并针对准备开工的日期统一各方认识。

## 8.3 工地例会

**8.3.1** 工地例会一般作为施工阶段每月定期召开的工地工作会议，如有必要临时增开。工地例会主要是建设单位、施工单位、监理机构三方对工程进行检查与协调的例行会议，因此要求施工单位项目经理、技术负责人出席，工地试验室负责人、专职安全生产管理人员等参加。

**8.3.2** 工地例会议定的内容与决议记入会议纪要，以便于会后落实与检查。

## 8.4 专题会议

**8.4.1** 工程中有些管理、技术、协调问题需要专门深入讨论而召开专题会议，除三方代表外，根据需要安排或邀请有关人员及专家和设计代表等参加。

# 9 监理资料

原规范称这一章内容为"文件与资料管理",本次修订根据章、节协调和管理实际修改为"监理资料"。

## 9.1 一般规定

**9.1.1** 本条对原规范"8.2.1 监理文件与资料"进行了重新梳理,参照《公路工程竣(交)工验收办法实施细则》附件 2 中"监理资料"内容,明确了应归档管理的各类文件构成,增补重要影像资料。

需建立的各类台账作为汇总资料已在有关章节中规定,因此第 9.2.2、9.2.3、9.2.4 条中不再重复。

**9.1.2** 增补本条,提出了对监理资料的原则性基本要求,即归集齐全、内容真实、准确,记录、数据、结论、签字等完整,具有可追溯性。

**9.1.3** 监理资料是全面、系统反映监理工作和工程实施情况的历程记录,需要在工程完工后提交和接受检查。资料管理是工程监理的日常基础工作,监理机构按照资料管理制度,由专人负责资料管理,并利用计算机信息化手段加强管理。

**9.1.4** 增补本条,是适应信息化技术、无纸化办公等实际需要,明确可打印文档的范围要求,即内容可溯、存储安全、签记有效等。现场原始数据、文字记录是可追溯的保证依据。同时,鼓励采用信息化手段传输、监控、保存有关数据和资料。

## 9.2 资料内容

**9.2.1** 监理管理文件包括综合性往来文件及不能归入其他监理专项的会议记录、纪要等。

**9.2.3** 按照第 9.1.1 条的规定,安全、环保监理文件各自属于不同的类别,但鉴于其文档内容要求基本一致,为避免重复,合并在一条编写。

**9.2.6** 监理日志是反映监理机构履行监理职责的重要过程记录资料。

按照定义，监理日志由监理机构每日按照附录 B 规定的格式和内容要求进行填写，以免造成混乱。对总监办和驻地办的监理日志，分别由总监、驻地监理工程师或其授权人负责审核。工程中将监理日志打印整理或编印成"监理日志本"的形式，在封面统一填写工程项目和监理机构名称等，是允许的。

监理日记是个人化的、非规范的资料，经审核确认有效的属于对监理日志的补充。

**9.2.7** 重新梳理了监理月报的主要内容。

**9.2.8** 参照《公路工程竣（交）工验收办法实施细则》及其附件 5 中"公路工程监理工作报告"格式，梳理了监理工作报告的主要内容。

## 9.3 归档

**9.3.1** 监理资料是过程记录，因此规定随着工程实施进展，在监理工作过程中及时完整、系统地归集、整理，以免等完工后集中匆忙收集。

监理资料的分类、系统化排列、卷内目录和案卷目录等要求参照有关档案管理规定。

**9.3.2** 监理资料移交时间参见公路工程验收办法、建设项目文件材料立卷归档管理办法等的规定，以及交、竣工验收和档案专项验收的要求。

**9.3.3** 监理工作中，尚有许多过程记录、管理文件和影像资料等没有列入监理资料要求进行归档和提交，因此规定监理单位负责分类整理保存、根据需要竣工前移交给建设单位保管。